レトルトの女王のアイデアレシピ

ラクラクごはん

管理栄養士
今泉マユ子
IMAIZUMI MAYUKO

清流出版

はじめに

レトルト食品を使うことはズボラ?　手抜き料理?　——とんでもない。時間を有効に使う賢い方法です!　それは時間に余裕ができた分、心の余裕も生まれるからです。

私には現在、20歳と13歳の子どもがいます。25年以上、管理栄養士として働きながら家族の健康を守っています。家族がおいしいと言って食べてくれて、子どもの喜ぶ顔を見ることが私の幸せです。そのために、まずは私が笑顔でいなければなりません。

笑顔でいるためにはストレスなく楽しくお料理を作りたい。つねにストレスフリーでいることを心がけています。

ただ、お料理作りに時間をかけられないときでも、家族にはおいしいものを食べてほしい、そんな思いから簡単、時短、失敗なしのレトルトアレンジレシピを考えました。

毎日の食事作りには、買い置きをしておけるレトルト食品や缶詰、冷凍食品を上手に取り入れると、買い物の負担を減らすことができるのでおすすめです。

例えば、本書のレシピでは、カット野菜や冷凍野菜を活用し、多めの野菜にパスタソース1人分で味をつけた炒め料理を紹介しています。これを2人で分ければ、塩分量も半分になるのでとてもヘルシーです。

下ごしらえの時間も生ゴミも減り、洗い物も減らせます。時短で作れて、誰が作っても失敗なしのおいしさなんて、ストレスフリーにもってこいだと思いませんか。

お料理初心者、お子様からご高齢の方まで、どの世代の方にも作りやすいのがレトルトアレンジレシピだと思っています。

レシピを参考にご自分の好きな食材を加えて作ってみてください。毎日の食事作りのお手伝いができましたら幸いです。

目　次

はじめに … 2

失敗なしのおいしさの理由 … 8
調味料として使う〈パスタソース〉〈鍋つゆ〉〈焼肉のたれ〉

便利食材フル活用 … 13
カット野菜／冷凍野菜／魚の缶詰／冷凍うどん&パックごはん

本書の使い方 … 16
副菜、主菜、主食、汁もの別に掲載／食材別に掲載／
味つけとして使用する食品／調理器具と調理時間のアイコン／
Mayuko's memo ／計量の単位／電子レンジの加熱時間

Part ① 副菜レシピ

野菜
レシピ

やみつきキャベツ … 20
ニラもやし納豆炒め … 21
なすの明太子ソース …22
野菜の和風きのこ煮 … 24
白菜のあさり煮 … 25
白菜のクリーム煮 … 26
なすとピーマンの肉味噌炒め … 28

冷凍野菜レシピ

明太ポテト … 30
ポテトとこまつ菜のピリ辛炒め … 31
チーズいももち … 32
ガーリックトマトブロッコリー …34
ブロッコリーのえび塩炒め … 35
いんげんとちくわの鍋つゆ煮 … 36
枝豆と大豆のナムル … 37

豆製品レシピ

大豆の甘辛あえ … 38
たらこ白あえ … 39
豆腐と水菜の炙りサーモンサラダ … 40
くずし豆腐の肉味噌炒め … 42

Column　糖質コントロールのためのレトルト食品 … 43
Column　レトルト食品の備蓄は、災害時にも大活躍 … 44

Part 主菜レシピ

肉系レシピ

いんげんとポテトの牛肉巻き … 48
炊飯器で煮る　豚肉と大根、にんじんのミルフィーユ … 50
豚肉とカット野菜の鍋つゆ炒め … 52
ブロッコリーの豚巻きジェノベーゼ … 54
炊飯器で煮る　鶏手羽元とたまねぎのトロトロ煮込み … 56
チキンガーリックソテー with B … 58
鶏手羽先の焦がしねぎ塩焼き … 59
鶏むね肉明太子ロール … 60
ナポリタンスコップミートローフ … 62
明太茶巾鶏肉だんご … 64
カレーサモサ … 66

魚系レシピ
- レンチンまぐろとチンゲン菜 … 68
- ごろっとツナとチンゲン菜 … 70
- さんまとほうれん草のペペロンチーノ炒め … 72
- 鮭とポテトのカルボナーラ … 74
- たらのブイヤベース … 76

卵&豆腐レシピ
- えび塩炒り卵 … 78
- たらこオムポテ … 79
- さば塩レモンのふわたまキャベツ … 80
- お麩と春菊の卵とじ … 82
- 高野豆腐のミートグラタン … 84

Column 「ボンカレー」は世界初の市販用レトルトカレー … 86

Part 主食レシピ

麺・餅・芋レシピ
- うどんのタコライス風 … 90
- 混ぜうどん … 91
- あさり野菜餅 … 92
- 冷凍ポテトグラタン … 93

ごはん
レシピ

- 焼きチーズカレー … 94
- カニのトマトクリームリゾット … 95
- ガーリックトマトオムライス … 96
- まぐろサラダライス … 98
- 和風きのこの炊き込みごはん … 100

Part 汁ものレシピ

汁もの
レシピ

- わかめスープ … 104
- あさりミルクスープ … 105
- 焦がしねぎ塩もやしスープ … 106
- ミートソーススープ … 107

あとがき … 108

失敗なしの
おいしさの理由

調味料として使う

パスタソース　　鍋つゆ　　焼肉のたれ

レトルト食品は万能調味料

　レトルト食品はすでに具材に火が通っているので、下処理の必要がありません。味もしっかり決まっているため、調味料として、かけたり和えたり混ぜたりするとお料理のバリエーションが広がります。

　常温保存ができるので買い物の負担も減り、少し多めに買い置きしておけば、急な来客でも慌てることなく料理を作ることができます。

　いろいろな味があるので、ご自分の好みに合わせて用意してください。

パスタソース

　忙しい現代人にとって、市販のパスタソースは貴重なお助け食材。パスタを茹でてからめるだけで、まるでお店で食べるようなおいしい味が楽しめるからです。

　レトルトパスタソースは有名シェフが監修したものや、こだわり食材を使ったものなどたくさんの種類があります。例えば、ミートソースやカルボナーラなどは各メーカーごとに味や具材の大きさが違いますので、ご自分のお気に入りのものを見つけてください。

　量も1人分タイプや2～3人分タイプがあるので、家族の人数に合わせることができます。

　こんな便利なソースをパスタだけに使うのはもったいない！　ぜひおかず作りに役立ててください。

おすすめ理由

1. 調味料として使うので、ソースだけで味が決まる。
2. パスタソースの油をいかせるので、炒め油がいらない。
3. 常温保存ができ、賞味期限も1年以上のものが多い。
4. ストックしておけば、買い物に行けないときに使えて、災害時にも活用できる。
5. パスタ以外の料理にも使えるので、レパートリーが広がる。

　パスタソースの品揃えは各店舗によって違いがあります。比較的入手しやすいものを使っていますが、販売中止や商品のリニューアル、パッケージの変更などがあります。本書で使用した商品にこだわらずに好みの味を見つけてください。

　使用したパスタソースの味の特徴を、次ページで紹介します。

キユーピー

あえるパスタソース
焦がしねぎ塩

焦がしねぎが香ばしい塩風味のソース。

使用ページ
P20・P59・P106

キユーピー

あえるパスタソース
だし香る納豆

ひき割り納豆にだしがほどよくきいた和風味。

使用ページ
P21・P91

S&B

まぜるだけの
スパゲッティソース
生風味からし明太子

明太子がたっぷり入ったピリ辛味が美味。

使用ページ
P22・P30・P60・P64

マ・マー

パスタキッチン
和風きのこ

きのこの食感と和風だしのコク深い味わい。

使用ページ
P24・P56・P100

日清フーズ

青の洞窟
あさりの旨味広がる
ボンゴレビアンコ

あさりの旨みと白ワインが香る濃厚なおいしさ。

使用ページ
P25・P76・P92・P105

マ・マー

リッチセレクト
たっぷりベーコンの
カルボナーラ

チーズのコクがアクセントになった濃厚な味。

使用ページ
P26・P74・P93

オーマイ

和パスタ好きの
ための肉味噌

牛ひき肉の旨みを引き立てる味噌が味わい深い。

使用ページ
P28・P42

S&B

まぜるだけの
スパゲッティソース
ペペロンチーノ

香ばしいガーリックと唐辛子の辛みが特徴的。

使用ページ
P31・P58

オーマイ

芳醇
チーズクリーム

パルミジャーノ風味がアクセント。香りとコクが味わえる。

使用ページ
P32

オーマイ

コク旨
ガーリックトマト

トマトソースに、ガーリックの香ばしさと旨みがからむ。

使用ページ
P34・P96

キユーピー

あえるパスタソース
香ばしえび塩

小えびの甘みと香ばしさが味わえる塩風味。

使用ページ
P35・P78

S&B

まぜるだけの
スパゲッティソース
生風味たらこ

たらこの旨みたっぷり。ほどよい塩気が美味。

使用ページ
P39・P79

キユーピー

あえるパスタソース
炙りサーモン

香ばしいサーモンと、魚介のソースがすっきり味わえる。

使用ページ
P40

MCC

兵庫県産バジルの
ジェノベーゼソース

新鮮な国産バジルのペーストに、チーズやガーリックを加えた一品。

使用ページ
P54

ハウス

ぱすた屋
ナポリタン

トマトのほどよい酸味と甘みがきいた、まろやかな味。

使用ページ
P62

はごろもフーズ

おさかなで PASTA
まぐろの
オイルソース

大きくほぐしたまぐろに、オイルソースと黒こしょうがきく。

使用ページ
P68・P98

はごろもフーズ

おさかなでPASTA
さんまの
ペペロンチーノ

炙ったさんま入り。香ばしさとピリ辛味がからむ。

使用ページ
P72

はごろもフーズ

おさかなでPASTA
さばの
塩レモンソース

塩とレモンのソースがさっぱりとした味わい。

使用ページ
P80

マ・マー

リッチセレクト
お肉ごろごろの
ミートソース

風味豊かな野菜と、お肉の旨みが美味。

使用ページ
P84・P90・P107

MCC

国産紅ズワイ蟹の
トマトクリーム

カニの風味がよく出た濃厚で贅沢な味わい。

使用ページ
P95

鍋つゆ

　1人用の鍋つゆのもとが人気となっています。人数によって使い分けられるのが利点です。ポーション容器に入っているもの、キューブ、フリーズドライ、小袋入りなど、選べる種類が多くなりました。この鍋つゆも調味料として活躍してくれる便利食品です。

使用ページ
P36・P50・P52・P82

焼肉のたれ

　わが家で焼肉をするとき、味の決め手となるのが焼肉のたれ。この焼肉のたれは、果物や野菜、スパイスなどを煮込んで作られている万能調味料です。醤油、塩、味噌、レモン風味などや、甘口、辛口があるのでお好みの味を使ってください。

使用ページ
P37・P38・P48・P70・P104

レトルトカレー

　日本の国民食カレー。手軽に食べられるのでストックをしているご家庭も多いことでしょう。具材として使うアレンジレシピを紹介します。

使用ページ　P66・P94

レトルト食品を使うときの注意点

- レトルトパスタソースは、パスタ1人分（乾麺100g：茹であがり220g）に対して、ソース1人分を使用。レトルトカレーなどは、ごはん1人分（白飯200g）に対して、1人分使用で考えられているので、他の食材に置き換える場合は同じg数（約200g）か、それ以上の量にすることがおいしく作るコツです。
- 食材が少ない場合はソースを半分使い、残りは冷凍することもできます。ソースは1袋が2～3人分入りのものもあるので分量に注意してください。

便利食材フル活用

カット野菜

冷凍野菜

魚の缶詰

冷凍うどん ＆ パックごはん

　１人暮らしの方だけではなく、2人、3人、もしくは4人家族だとしても、野菜を丸ごと買っても食べきれないことがあるのではないでしょうか。そんなときに重宝するのがカット野菜や冷凍野菜。

　また缶詰やごはんなどもストックしておくと、買い物に出られないときなどに役立ちます。

　本書のレシピでも積極的に活用しています。

カット野菜

　カット野菜は洗浄もされているので、切ったり洗ったりする手間が省ける便利な食材です。そのまま料理に使えて、ゴミも出ないというエコさが魅力。ただし、傷みやすいので消費期限を守り、早めに食べきりましょう。

おすすめ理由

1. カット、洗浄済みなので、すぐに使える。
2. 単品で買い揃える必要がないミックス野菜は経済的。
3. 野菜くずを出さないのでエコロジー。

本書で使用するカット野菜

ニラミックス野菜
使用ページ
P21・P92

もやしミックス野菜
使用ページ
P24・P52

きざみ九条ねぎ
使用ページ
P56・P64・P100

千切りキャベツ
使用ページ
P107

魚の缶詰

　旬の時期にとれた食材を詰めて、缶ごと加熱、殺菌をしている缶詰は、食中毒の原因になる恐れがない安心、安全な食材です。魚は、生を買って調理をするとなると、おろす作業も面倒で臭いも気になりますが、缶詰であればそのまま使えます。

本書で使用する缶詰

ツナ缶
使用ページ　P70

鮭缶
使用ページ　P74

おすすめ理由

1. 長期保存ができる。
2. 缶ごと加熱しているので、骨までやわらかく食べられる。
3. 容器内は無菌状態なので、保存料の使用もなく安全。

冷凍野菜

　健康維持のために野菜をたっぷり摂りたいものです。でも天候不順により出荷が少なくなると、高値が続くことになります。その点、冷凍野菜は旬の時期にたくさんとれたものを使っているので、価格が安定していることが魅力です。

おすすめ理由

1. 比較的、価格が安定している。
2. 面倒な下処理の必要がなく、湯通ししたり、軽く加熱するだけで食べられる。
3. 賞味期限が6か月以上と長く、なかには1年以上のものもある。

本書で使用する冷凍野菜

フライドポテト
使用ページ
P30・P31・P32・P48
P66・P74・P79・P93

こまつ菜
使用ページ
P31

ブロッコリー
使用ページ
P34・P35・P54
P58・P95

すじなしいんげん
使用ページ
P36・P48

えだまめ
使用ページ
P37・P39

ミックスベジタブル
使用ページ
P62・P79

ほうれん草
使用ページ
P72・P74・P84・P105

冷凍うどん&パックごはん

　忙しくてごはんを炊く時間がないというときに、あると便利なのが冷凍うどんやパックごはん。電子レンジで加熱すれば、すぐに食べられます。

本書で使用するうどん&ごはん

冷凍うどん
使用ページ
P90・91

パックごはん
使用ページ
P94・P95・P96

本書の使い方

● **副菜、主菜、主食、汁もの別に掲載**
Part 1 副菜、Part 2 主菜、Part 3 主食、Part 4 汁ものの順に掲載しています。

副菜 ……… 主菜
主食 ……… 汁もの

使い方 例1　夕飯の主菜をとんかつにしたとき、おかずがもう1品ほしい　……→　Part 1 副菜レシピへ

使い方 例2　野菜サラダを作ったとき、メインの料理を何にしようか　……→　Part 2 主菜レシピへ

● **食材別に掲載**
Part 1 から Part 3 までは、使用するメイン食材を大きく区分けして掲載。

● **味つけとして使用する食品**
レシピごとに使用するもののパッケージ写真を掲載。

例

＼パスタソース／ 　＼鍋つゆ／ 　＼焼肉のたれ／ 　＼レトルトカレー／

● 調理器具と調理時間のアイコン

使用する調理器具と調理時間を表示しています。

注意1　調理時間には個人差がありますので、あくまでも目安としてください！

注意2　調理器具は料理の仕上げをするものだけを表示しています。例えば、野菜などの下処理に電子レンジを使用する場合、その電子レンジのアイコンは表示していません。

注意3　炊飯器を使用するレシピについては、炊飯時間を入れない調理時間を記しています。炊飯時間中は、「ほったらかし」でOKです。

注意4　電子レンジやトースターで加熱すると、器が熱くなるので、取り出すときに気をつけましょう。

● Mayuko's memo

食材情報、栄養情報、作り方のポイント、注意点など、知っていただきたいことを記しています。

● 計量の単位

1カップ= 200ml

大さじ1 = 15ml ／小さじ1 = 5ml

● 電子レンジの加熱時間

500Wでの調理時間を記しています。機種、気候、食材などによって加熱時間に変化が出ますので、様子を見ながら調整してください。

17

Part 1
副菜レシピ

Let's Try !

野菜
レシピ

冷凍野菜
レシピ

豆製品
レシピ

おかずがもう1〜2品ほしいときに。
メイン料理だけでは得られない栄養を補給するため、
野菜、きのこ、芋類、豆類で
ビタミン、ミネラル、食物繊維を摂りましょう。

野菜レシピ

やみつきキャベツ

調理時間 **3**分

＼パスタソース／

材料（2人分）

キャベツ…… 1/4 個（250g）
焦がしねぎ塩ソース（具付き）……1人分

作り方

キャベツは食べやすい大きさに切るか、ちぎり、焦がしねぎ塩ソースと別添えの具（焦がしねぎ、あられ、乾燥こねぎ）を加えて和える。

洗い物を少なくしたい方は、材料をポリ袋に入れて軽くもみましょう。

焦がしねぎとねぎ油が味のアクセントに。キャベツにからむ塩風味。

Mayuko's memo

和えてすぐに食べるとパリパリ感が味わえます。ソースの味をなじませたいときは、しばらく時間を置いてから食べましょう。

冷凍野菜レシピ

豆製品レシピ

ニラもやし納豆炒め

調理時間 5分

\ パスタソース /

材料（2人分）

カット野菜（ニラ＆もやし）……1袋（200〜250g）
だし香る納豆ソース（具付き）……1人分

作り方

フライパンにだし香る納豆ソース、カット野菜を入れて火にかけて炒める。野菜に火が通ったら火を止めて、別添えの具（乾燥納豆、のり、味付かつお節、ごま、乾燥こねぎ、とろろこんぶ）を入れて混ぜる。

和風だしと
ひき割り納豆がからむ
優しい味の野菜炒め。

Mayuko's memo

ニラ、もやし、にんじんがほどよくミックスされている炒め用のカット野菜は、使い切りサイズで便利。にんじんの皮むきの手間もなし。

野菜レシピ

冷凍野菜レシピ

豆製品レシピ

レンジで簡単に蒸しなすができる。
明太子のツブツブがなすにからんで美味。

Part1 副菜

なすの明太子ソース

調理時間 **7**分

\ パスタソース /

材料（2人分）

なす……3個（200〜250g）
からし明太子ソース……適量
青じそ……3枚

作り方

1 なすはヘタを除いて細切りにする。青じそは千切りにする。

2 耐熱皿に1のなすを並べてラップをし、電子レンジ（500W）で4〜5分加熱して取り出し、そのまま少し蒸らす。からし明太子ソースをかけ、青じそをのせる。

なす
縦半分に切ってから、
さらに細切りにする。

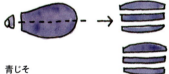

青じそ
キッチンバサミで切っても
OK。

Mayuko's memo

青じそはキッチンバサミを使えば、出来上がった料理の上に、チョキチョキ切ってのせられます。

野菜
レシピ

野菜の和風きのこ煮

調理時間 **5**分

\ パスタソース /

材料（2人分）

カット野菜……1袋（200～250g）
和風きのこソース……1人分
水……大さじ3強（50ml）

作り方

鍋にカット野菜、和風きのこソース、水を入れ、蓋をして火にかけて野菜がやわらかくなるまで煮る。

野菜にきのこの旨みをプラス。やわらか温野菜が食べやすい。

Mayuko's memo

カット野菜は、メーカーによって入っている野菜の種類がさまざまです。

白菜のあさり煮

調理時間 **7**分

\ パスタソース /

材料（2人分）

白菜……1/8株（250g）
ボンゴレビアンコソース（トッピング付き）……1人分
水……大さじ3強（50ml）

作り方

白菜は食べやすい大きさに切り、鍋に入れ、白菜、ボンゴレビアンコソース、水を加える。蓋をして火にかけ、白菜がやわらかくなるまで煮る。最後にトッピング（フライドガーリック、イタリアンパセリ）をかける。

あさり入りのソースには魚介の旨みがたっぷり。

Mayuko's memo

ソースの種類によってトッピングが付いているものがあるので、お好みで活用してください。

野菜レシピ

冷凍野菜レシピ
豆製品レシピ

あったかクリーム煮が **あっという間** にできる。

ベーコン入りのソースのコクを味わって。

白菜のクリーム煮

調理時間 **7**分

\ パスタソース /

材料（2人分）

白菜……1/8株（250g）
しめじ……1/2パック（80g）
カルボナーラソース……1人分
水……大さじ3強（50ml）
黒こしょう（お好みで）……少々

作り方

1. 白菜は食べやすい大きさに切る。しめじは石づきを切り落とし小房に分ける。

2. 鍋に1の白菜、しめじ、水を入れ、蓋をして火にかける。白菜がやわらかく煮えたらカルボナーラソースを加えて混ぜ、ひと煮立ちさせる。器に盛り、お好みで黒こしょうをかける。

Mayuko's memo

秋冬に旬を迎える白菜は、ビタミン、ミネラル、食物繊維がバランスよく含まれている野菜の優等生。たっぷり食べても低カロリーという、うれしい食材です。

かき混ぜながらひと煮立ちさせる。

野菜レシピ

冷凍野菜レシピ

豆製品レシピ

野菜と相性のいい肉味噌。

お箸がどんどん進むおいしさ。

なすとピーマンの肉味噌炒め

調理時間 **7**分

\ パスタソース /

材料（2人分）

なす……3個（200〜250g）
ピーマン……2個（60g）
肉味噌ソース……1人分
白ごま(お好みで)……適宜

作り方

1. なすはひと口大の乱切りに、ピーマンはヘタと種をとってひと口大に切る。

2. フライパンに肉味噌ソースと1のなす、ピーマンを入れ、火にかけて炒める。お好みで白ごまをかける。

なすとピーマンをひと口大に切る。

ソースと野菜を入れてから火にかける。

29

野菜レシピ | 冷凍野菜レシピ | 豆製品レシピ

明太ポテト

調理時間 **5**分

\ パスタソース /

材料（2人分）

冷凍フライドポテト……200ｇ〜250g
からし明太子ソース (別添切りのり付き)……1 人分

作り方

フライパンに冷凍フライドポテトを入れて火にかけ、ポテトがカリッとするまで炒める。火を止めてからし明太子ソースを入れて混ぜ合わせ、器に盛り別添えの切りのりをかける。

カリッと炒めたピリ辛ポテトは
絶品おつまみ。

Mayuko's memo

付けあわせやおつまみに、あると便利な冷凍フライドポテト。パスタソースで味のレパートリーがどんどん広がります。

30　Part1　副菜

ポテトとこまつ菜の
ピリ辛炒め

調理時間 **5**分

\ パスタソース /

材料（2人分）

冷凍こまつ菜……100〜150g
冷凍フライドポテト……100g
ペペロンチーノソース（トッピング付き）……1人分

作り方

フライパンにペペロンチーノソース、冷凍こまつ菜、冷凍フライドポテトを入れて火にかけ、火が通ったらトッピング（フライドガーリック、赤唐辛子、パセリ）を入れて混ぜる。

ガーリックとほのかな辛みに食欲が増す、新感覚の野菜炒め。

Mayuko's memo

日持ちのしないこまつ菜も冷凍であれば、味噌汁やおひたしなどいろいろ使えて便利。骨や歯を丈夫にするカルシウムが豊富に含まれているので積極的に摂りましょう。

野菜レシピ

冷凍野菜
レシピ

豆製品レシピ

・もちもちの・ じゃがいもを味わって。おやつに、お弁当に。

チーズいももち

調理時間 **10**分

\ パスタソース /

材料（2人分）

冷凍フライドポテト……200g
チーズクリームソース（トッピング付き）……1人分
サラダ油……適量

作り方

1. 冷凍フライドポテトは電子レンジ（500W）で3分加熱し解凍してから、温かいうちに潰し、チーズクリームソースとトッピング（黒こしょう、乾燥パセリ）を入れてよく混ぜる。丸く成型して10個作る。

2. フライパンにサラダ油を熱し、1を両面こんがり焼く。

お玉や麺棒などでポテトを潰す。

ざっくりと10等分したものを丸く成型する。

Mayuko's memo

・電子レンジで加熱した冷凍フライドポテトを、私はお玉で潰していますが、麺棒や大き目のスプーンなど、自宅にある調理器具を使ってください。
・トッピングを入れることで、彩りもよくなり、味のアクセントにもなります。

ガーリックトマトブロッコリー

調理時間 **7**分

＼パスタソース／

材料（2人分）

冷凍ブロッコリー……200g〜250g

ミニトマト……6個

ガーリックトマトソース（トッピング付き）……1人分

作り方

耐熱容器に冷凍ブロッコリー、ミニトマトを入れてラップをし、電子レンジ（500W）で4分加熱する。まだ冷たい場合は様子を見ながらさらに加熱する。水分が出ていたらキッチンペーパーなどで取り除き、ガーリックトマトソースとトッピング（フライドガーリック、パセリ）を入れて混ぜ合わせる。

野菜にガーリックとトマトソースの旨みが、しっかりからむ。

ブロッコリーの
えび塩炒め

調理時間 5分

\ パスタソース /

材料（2人分）

冷凍ブロッコリー……200g
香ばしえび塩ソース（具付き）……1人分

作り方

フライパンに香ばしえび塩ソースと冷凍ブロッコリーを入れて炒める。ブロッコリーに火が通ったら火を止め、別添えの具（乾燥こえび、ローストガーリック、えび粉、乾燥あさつき）を入れて混ぜ合わせる。

塩味のソースとこえびに、
ブロッコリーのうまさがいきる。

Mayuko's memo

ブロッコリーに多く含まれているビタミンはアンチエイジングや疲労回復に、クロムというミネラルには血糖値を下げる効果があります。

いんげんとちくわの鍋つゆ煮

調理時間 5分

\ 鍋つゆ /

材料（2人分）

冷凍いんげん……100g
ちくわ……2本
ごま油……適宜
A｜水……1カップ（200ml）
　｜鍋つゆ（お好みで、焼あごだし鍋つゆ、ごま豆乳鍋つゆ、キムチ鍋つゆなどの個食パック）
　｜……1個

だしがいんげんにしみ込む。
つゆまで飲みほしてほしい。

作り方

冷凍いんげんは食べやすい大きさに切る。ちくわは縦半分に切ったあと、斜めに細く切る。鍋にAといんげん、ちくわを入れて煮る。

Mayuko's memo

いんげんの固い筋を取る作業は面倒なものです。品種改良が進み、筋なしが出回るようになりました。

枝豆と大豆のナムル

調理時間 **3分**

\ 焼肉のたれ /

材料（2人分）

冷凍枝豆（さや付き）……100g（中身50g）
大豆ドライパックレトルトパウチ……1袋（60g）
焼肉のたれ（塩だれ）……大さじ1
糸唐辛子（お好みで）……適量

作り方

大豆と解凍してさやから出した枝豆に、焼肉のたれをからめ、お好みで糸唐辛子をのせる。

焼肉のたれをからめるだけ。
簡単おいしいナムルの
出来上がり。

Mayuko's memo

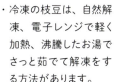
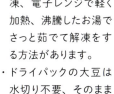

・冷凍の枝豆は、自然解凍、電子レンジで軽く加熱、沸騰したお湯でさっと茹でて解凍をする方法があります。
・ドライパックの大豆は水切り不要、そのまま使えて便利です。

大豆の甘辛あえ

調理時間 5分

\ 焼肉のたれ /

材料（2人分）

大豆ドライパックレトルトパウチ……1袋（60g）
片栗粉……大さじ2
サラダ油……大さじ1
焼肉のたれ……大さじ1

作り方

ポリ袋やボウルなどに、大豆と焼肉のたれを入れてよく混ぜ、さらに片栗粉を入れて混ぜる。フライパンにサラダ油を熱し、大豆を入れ、表面がカリッとして焼き色がつくまで炒める。

焼き大豆がホクっと香ばしい。おやつにも最適。

Mayuko's memo

肉に匹敵するタンパク質をもつ大豆。筋肉や血液を作るために欠かせない栄養素をたっぷり摂りましょう。

たらこ白あえ

調理時間 5分

\ パスタソース /

材料（2人分）

木綿豆腐……1丁（200g）
冷凍枝豆（さや付き）……100g（中身50g）
たらこソース……1人分

作り方

豆腐は水気をきり、滑らかになるまで潰し、その中に解凍してさやから出した枝豆とたらこソースを入れて混ぜ合わせる。

※豆腐の水きりの方法は41ページに掲載。

もう1品ほしいときのお助けレシピ。和食の定番の白あえがあっというまに。

野菜レシピ

冷凍野菜レシピ

豆製品レシピ

さっぱり食材にからむ
炙りサーモンが味のアクセントに。

Part1 副菜

豆腐と水菜の炙りサーモンサラダ

調理時間 5分

\パスタソース/

材料（2人分）

木綿豆腐……1丁（200g）
水菜……1袋（200g）
ミニトマト……4個
炙りサーモンソース（具付き）……1人分

作り方

1. 水きりした豆腐は2cm角に切る。水菜は水気をきり、食べやすい大きさに切る。ミニトマトは半分に切る。

2. 1に、炙りサーモンソースと別添えの具（鮭加工品、乾燥こねぎ、乾燥パセリ）を加え混ぜ合わせる。

豆腐の水きりの仕方

[A] 電子レンジで簡単水きり
キッチンペーパー2～3枚で豆腐を包み、耐熱皿に入れて、電子レンジ（500W）でおよそ2分30秒加熱。

[B] 軽く水きり
ボウルなどの上にザルを置き、その上にキッチンペーパーを敷き、豆腐をのせる。豆腐の上に重しとなる皿をのせ、そのまま10～15分ほど置く。

くずし豆腐の肉味噌炒め

調理時間 5分

\ パスタソース /

材料（2人分）

木綿豆腐……1丁（200g）
肉味噌ソース（トッピング付き）……1人分
ごま油……少々

作り方

フライパンにごま油を熱し、水きりした豆腐をくずしながら炒め水気をとばす。肉味噌ソースとトッピング（ごま、のり、乾燥ねぎ）を加えて炒め合わせる。

甘辛味の肉味噌が豆腐とからんで、ごはんが進む。

Column

糖質コントロールのための
レトルト食品

長く続けていける方法がベター

　管理栄養士として栄養相談を受けるときや、特定保健指導などでもよく出てくるワードが「糖質コントロール」「糖質制限」。糖質制限に関しては賛否両論あり、さまざまな意見もありますが、糖質制限によって健康な体を手に入れた方がいることも事実です。

　糖質制限の目的は「血糖値を上げないこと」にあります。炭水化物に含まれる糖質の摂取を低く抑えて、血糖が上がらないよう食事に気をつけていくことが大切です。また食事内容のほかにも、食べ方や食べる時間など、血糖が上がる要素を排除していくことも重要となってきます。

　無理な制限をするのではなく、自分自身の体調に合わせた適度で長く続けられる方法を見つけていきましょう。私はみたらし団子や豆大福が大好きなのでよく食べますが、その代わりに魚は煮つけではなく塩焼きに、焼き鳥もタレではなく塩を選ぶようにして、ゆるゆるに糖質量を意識するようにしています。

　よく糖質制限をする方から"目の敵"にされているのがごはんやパスタ。そのためレトルトカレーもレトルトパスタソースもレトルト丼の素も食べないという方もいらっしゃいます。ですが、今はレトルト食品で低糖質を意識した食品が出ているので、気になる方はチェックしてみてください。

　例えば、はごろもフーズの CarbOFF（カーボフ）の低糖質ミートソースとカルボナーラは、どちらも糖質を 1 袋当たり 5g 以下に抑えたレトルトパスタソースなので、糖質 50％オフの低糖質麺・ポポロスパ CarbOFF と合わせると、より糖質オフへつながります。

　食べて後悔したりストレスにならないように、制限が必要な方は糖質オフの商品をじょうずに取り入れることも一考の余地があるように思います。

Column

レトルト食品の備蓄は、
災害時にも大活躍

「もしも」に備えることも大切

　私には災害食をテーマにした著書が、共著も含め3冊あります。たとえ災害時でも、少しでもおいしいものが食べたいという思いから、活用できる食材を研究し、缶詰、びん詰、レトルト食品が有効だと気づいたことが、レシピ本につながっていきました。

　私が夢中になっている缶詰やレトルト食品、これらはすべて命をつなぐ備蓄食料になります。「もしも」のときに、開けてすぐに食べられる缶詰やレトルト食品が家にあれば、当面は食料の心配をしなくてすむからです。

　備蓄食料を選ぶコツは、「しょうがなく食べる」「我慢して食べる」ことのないよう、普段から食べ慣れているもので、自分や家族が好きなものを備蓄しましょう。初めて食べるものの中には味が濃い、辛い、口に合わないというものもあるかもしれません。また、いざというときに水分が必要になってしまうこともありますので、備蓄するものは必ず1度は食べておくことをおすすめします。

備蓄食品は、食べたら買い足す

　備蓄することと同様に消費することも大切です。賞味期限内においしく食べるためにも普段の食事で食べて、また買い足す。そうすることで賞味期限切れを防ぐことができますし、普段から食べ慣れていると、出来上がりの味もイメージしやすくなります。

　万が一、ライフラインがストップしたときでも、熱源が確保できれば家にある食料が活用できます。どんなときでも温かいものが食べたくなるもの。温かいものは生きる気力になります。カセットコンロとガスボンベは必ず備蓄しておきま

しょう。ガスボンベの数は政府より15〜18本の備蓄が推奨されています。

ただし、ガスボンベにも使用期限があるので、しまい込まずに普段の食事でも積極的に使用してください。

分散備蓄でリスクも分散

備蓄食料は1か所にかためて置かずに分散備蓄し、リスクも分散させてください。そして棚の奥にしまい込まずに、日頃から取り出しやすいところにストックしましょう。

私は箱タイプのレトルト食品を本棚に立てて並べて入れています。賞味期限が近い物を左に入れて、その食品を食べたら、全体を横にスライドさせて、新しいレトルト食品を右に入れます。見てわかりやすいのが一番。せっかく備蓄していても家族が見つけられないのでは無意味となってしまいます。賞味期限内においしく食べながら適宜補充していきましょう。

わが家は、本棚と床下に分散して備蓄をしています。

part
2

主菜レシピ

Let's Try !

肉系
レシピ

魚系
レシピ

卵
&
豆腐
レシピ

食事のメインとなるのが主菜。
大切なエネルギー源として
肉、魚、卵、大豆製品を食べましょう。
おもにタンパク質の供給源となります。

肉系レシピ

魚系レシピ

卵＆豆腐レシピ

冷めてもおいしいから、お弁当にもぴったり。

ポテトで食べごたえアップ。

48　Part2　主菜

いんげんとポテトの牛肉巻き

調理時間 **10**分

\ 焼肉のたれ /

材料（1人分6本分）

牛もも薄切り肉……3枚（120g）
冷凍いんげん……12本
冷凍フライドポテト……12本
焼肉のたれ……大さじ2

作り方

1. 牛もも薄切り肉を半分に切り、1枚の上に冷凍いんげんを2本、冷凍フライドポテトを2本のせて巻く。

2. フライパンに1の巻き終わりを下にして並べて弱火〜中火で焼く。途中で数回ひっくり返し、全面に焼き色がついて肉に火が通ったら焼き肉のたれを入れ、たれをからませながら焼く。

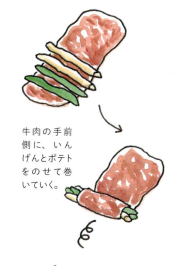

牛肉の手前側に、いんげんとポテトをのせて巻いていく。

ひっくり返しながら、肉巻きにたれをしっかりからめる。

肉系レシピ
魚系レシピ
卵&豆腐レシピ

ほったらかしOKの便利さ。

肉も野菜もふっくら。

炊飯器おすすめ理由

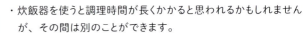

- ・炊飯器を使うと調理時間が長くかかると思われるかもしれませんが、その間は別のことができます。
- ・保温ができるので温め直しの必要がありません。
- ・肉がやわらかく、野菜に味がしっかりしみ込みます。

炊飯器で煮る

豚肉と大根、にんじんのミルフィーユ

調理時間 **5**分 + 炊飯

\ 鍋つゆ /

材料（2人分）

豚ロース薄切り肉……200g
大根……1/3～1/2本
にんじん……1/2本
水菜……1束
A｜水……1カップ（200ml）
　｜鍋つゆ（お好みで、焼あごだし鍋つゆ、ごま豆乳鍋つゆ、キムチ鍋つゆなどの個食パック）……1個

作り方

1 豚肉は食べやすい大きさに切る。大根、にんじんは5mm～1cm幅の輪切りに、水菜は食べやすい長さに切る。

大根とにんじんを5mm～1cm幅の輪切りにする。

2 炊飯器の内釜にAを入れて混ぜ、1の豚肉、大根、にんじんを交互にフチに沿って敷きつめ、普通に炊飯する。出来上がったら1の水菜を真ん中の空いているところに入れ、蓋を閉めて5分蒸らす。

大根、にんじん、豚肉を適度な高さに積み上げてから、内釜に入れていく。

Mayuko's memo

・炊飯器がない場合は鍋で作れます。
・キュービックタイプ（固形）の鍋つゆを使う場合は包丁などで砕いて入れましょう。

水菜をはじめから入れて煮込むと、シャキシャキ感がなくなり変色するので、炊飯時間が終了してから入れる。

肉系
レシピ

魚系レシピ

卵&豆腐レシピ

肉と野菜がバランスよく摂れる、
ほどよいピリ辛の野菜炒め。

豚肉とカット野菜の鍋つゆ炒め

調理時間 5分

\ 鍋つゆ /

材料（2人分）

豚こま肉……200g

カット野菜……1袋（200〜250g）

サラダ油……少々

鍋つゆ（お好みで、キムチ鍋つゆ、焼あごだし鍋つゆ、ごま豆乳鍋つゆなどの個食パック）……1個

作り方

フライパンにサラダ油を熱し、豚肉とカット野菜を入れて炒め、肉に火が通ったら鍋つゆを加えて炒め合わせる。

最後に鍋つゆを入れて味つけ完了。

肉系レシピ

魚系レシピ

卵&豆腐レシピ

バジルにチーズとガーリックが入った
本格ソースをつけだれに。

Mayuko's memo

ジェノベーゼソースは味が濃いので、味見をしながらかけることをおすすめします。

54　Part2　主菜

ブロッコリーの豚巻きジェノベーゼ

調理時間 10分

\ パスタソース /

材料（2人分）

冷凍ブロッコリー……10個
豚ロース薄切り肉……10枚（200g）
塩、こしょう……少々
ジェノベーゼソース……適量

作り方

1. 豚肉全体に塩、こしょうをして、1枚ずつ広げ冷凍ブロッコリーを包む。残りも同様に包む。

豚肉の上にブロッコリーを置いて包む。

2. 耐熱容器に1を並べ、ふんわりラップをかけて電子レンジ(500W)で5分加熱する。ジェノベーゼソースを添える。

ふんわりラップをかけて電子レンジへ。

肉系レシピ
魚系レシピ
卵&豆腐レシピ

じっくり煮込みは **炊飯器におまかせ。**

鶏手羽元もしっとりやわらか。

炊飯器で煮る
鶏手羽元とたまねぎの
トロトロ煮込み

調理時間
3分 + 炊飯

\ パスタソース /

材料（2人分）

鶏手羽元……6本（300〜360g）
たまねぎ……中1個（200g）
和風きのこソース……1人分
水……大さじ3強（50ml）
青ねぎの小口切り……適量

作り方

1 たまねぎは薄切りにする。

2 炊飯器の内釜に和風きのこソース、水、鶏手羽元、1のたまねぎを入れて全体を混ぜ合わせ、普通に炊飯で炊く。出来上がったら器に盛り、小口切りの青ねぎを散らす。

材料を内釜に入れて炊き上げるだけ。

Mayuko's memo

・炊飯器がない場合は鍋で作れます。
・薬味のねぎはミニパックが便利。甘味と香り豊かな九条ねぎを加えると、さらに食欲が増すことでしょう。

チキンガーリックソテー withB

調理時間 **7**分

\ パスタソース /

材料（2人分）

鶏もも肉……1枚（約250g）
冷凍ブロッコリー……8個（100g）
ペペロンチーノソース（トッピング付き）……1人分

作り方

鶏もも肉はひと口大に切る。フライパンにペペロンチーノソース、鶏もも肉、冷凍ブロッコリーを入れて火にかけて焼く。鶏もも肉がパリッとしたら火を止めて、トッピング（フライドガーリック、赤唐辛子、パセリ）を入れて混ぜる。

ガーリック味が食欲をそそる。ブロッコリーと炒めるから"with B"。

鶏手羽先の焦がしねぎ塩焼き

調理時間 7分

\ パスタソース /

材料（2人分）

鶏手羽先……8本（約320～400g）
焦がしねぎ塩ソース（具付き）……1人分

作り方

フライパンに焦がしねぎ塩ソースと鶏手羽先を入れて、火にかけて焼く。鶏手羽先がパリッとしたら火を止めて、別添えの具（焦がしねぎ、あられ、乾燥こねぎ）を入れて混ぜる。

パリッと焼いた手羽先に、ほどよく塩気がきいて箸が進む。

| 肉系レシピ |

| 魚系レシピ |

| 卵&豆腐レシピ |

レンチンでこんなに簡単にできる、
おしゃれなごちそうおかず。

60　Part2　主菜

鶏むね肉明太子ロール

調理時間 15分

\ パスタソース /

材料（2人分）

鶏むね肉……1枚(約250～300g)
オクラ……4本
赤パプリカ……1/4個
からし明太子ソース……1人分
サラダ菜……適量

作り方

1. 鶏むね肉は厚さが均等になるように、数か所切り込みを入れて開き、オクラはガクを切り落とす。赤パプリカはヘタと種を取り除き、縦に細切りにする。

鶏むね肉の厚みがある部分に切り込みを入れて開く。

2. 1の鶏むね肉の皮目を下にして置き、からし明太子ソースを全体に塗る。手前に1のオクラと赤パプリカを並べて、手前から奥に向かって肉を巻く。

明太子ソースを塗った上にオクラと赤パプリカをのせる。

3. ラップで2を包み、電子レンジ(500W)で3分加熱し、上下をひっくり返してさらに2分加熱する。粗熱がとれたらラップをはずし、食べやすい大きさに切り、サラダ菜を敷いた皿に盛る。

ラップに包み、電子レンジへ。

肉系レシピ

魚系レシピ

卵&豆腐レシピ

具材のカットも 必要なし。

混ぜて焼くだけで 肉汁があふれ出す。

ナポリタン
スコップミートローフ

調理時間 **15**分

\ パスタソース /

材料（2人分）

合いびき肉……200g
冷凍ミックスベジタブル……100g
ナポリタンソース……1人分

作り方

1. 合いびき肉、冷凍ミックスベジタブル、ナポリタンソースを混ぜてよく練る。

2. グラタン皿に1の肉を入れて表面を平らにする。グラタン皿の上にアルミホイルをかぶせトースターで約5分焼き、アルミホイルをはずして5分焼く。竹串を刺して透明な汁が出るまで様子を見ながら焼く。

ポリエチレン手袋をつけて、材料をしっかり練り合わせる。

アルミホイルをかぶせて
5分→はずして5分焼く。

Mayuko's memo

・使い捨てのポリエチレン手袋がない場合は、ポリ袋で代用可能です。
・ミックスベジタブルは、とうもろこし、にんじん、グリーンピースが入っています。

肉系レシピ

魚系レシピ

卵&豆腐レシピ

ごはんにも、おつまみにも。
ふわふわ茶巾蒸しが電子レンジで簡単に作れる。

Mayuko's memo

茶巾しぼりとは、あん状態にした材料を布巾に包んで上部をひねり、形作ったお菓子や料理のことです。布巾ではなくラップで代用できます。

64　Part2　主菜

明太茶巾鶏肉だんご

調理時間 **15**分

\ パスタソース /

材料（2人分）

鶏ひき肉……200g
卵……1個
青ねぎの小口切り……30g
からし明太子ソース……1人分

作り方

1. 鶏ひき肉、卵、小口切りの青ねぎ、からし明太子ソースをよく混ぜる。

2. ラップを4枚用意し、1を4等分してラップの上にのせ、1つずつ茶巾しぼりにする。

3. 2を電子レンジ（500W）で5分加熱する。その後は様子をみて30秒ずつ加熱する。

↓

ラップの上部をひねってしぼる。

耐熱皿にのせて電子レンジへ。

肉系レシピ

魚系レシピ

卵&豆腐レシピ

みんな大好きカレーとポテトのゴールデンコンビが、
ひと口サイズになって食べやすい。

Mayuko's memo

・中に入れるたねが熱いままでは包みにくいので、粗熱をとりましょう。
・中身は火が通っているので、少ない油でも揚げ焼きができます。

66　Part2　主菜

カレーサモサ

調理時間 18分

\レトルトカレー/

材料（2人分）

冷凍フライドポテト……100g
レトルトカレー……1人分
春巻きの皮……5枚
揚げ油……適量

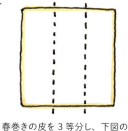

春巻きの皮を3等分し、下図の順に折り、具材を入れて折りたたんでいく。

作り方

1. 耐熱容器に冷凍フライドポテト、レトルトカレーを入れてラップをかけて電子レンジで3分加熱する。ポテトをお玉や麺棒などで潰しながらよく混ぜて粗熱をとる。

2. 春巻きの皮は細長く3等分に切る。春巻きの皮1枚を横長において手前を折りたたみ、ポケットになったところにスプーンを使い具をつめる。三角に折りたたみながら包み、包み終わりに水をぬってとめる。残りも同様に包む。

3. 180℃に熱した揚げ油で、2を色よく揚げ焼きにする。

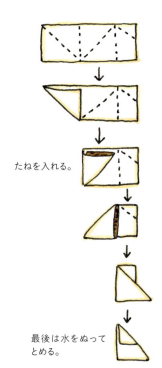

たねを入れる。

最後は水をぬってとめる。

魚を食卓に。

大きめまぐろの食感は、チンゲン菜との相性もぴったり。

Mayuko's memo

ほぐしたまぐろが入っているパスタソースは、魚が手軽に食べられる優れものです。

レンチンまぐろと
チンゲン菜

調理時間 **7**分

\ パスタソース /

材料（2人分）

チンゲン菜……1袋（2株）
まぐろのオイルソース……1人分

作り方

1. チンゲン菜は根元の汚れをよく洗い、縦に4つ割りに切る。

2. 耐熱容器に並べて上からまぐろのオイルソースをかけ、軽くラップをして電子レンジ（500W）で4分加熱する。

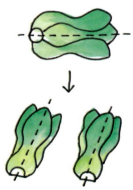

チンゲン菜は縦に2等分し、さらにそれぞれを2等分する。

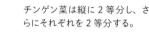

ラップをして電子レンジへ。

69

肉系レシピ

魚系レシピ

卵&豆腐レシピ

ツナの旨みがチンゲン菜にしみて、

どんどん食べられるおいしさ。

Part2 主菜

ごろっとツナと
チンゲン菜

調理時間 **7**分

\ 焼肉のたれ /

材料（2人分）

ツナ（チャンクタイプ）……1缶
チンゲン菜……1株
焼肉のたれ……大さじ1
白いりごま（お好みで）……適宜

作り方

1 チンゲン菜は根元を切り落とし、3等分に切る。

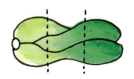

チンゲン菜は3等分に。

2 耐熱容器に1のチンゲン菜、ツナを缶汁ごと、焼肉のたれを入れて軽くまぜ、軽くラップをして電子レンジ(500W)で3〜4分加熱する。お好みで白いりごまをかける。

材料を混ぜ合わせたら、軽くラップをして電子レンジへ。

Mayuko's memo

ツナには、身がかたまりのままのブロック（ソリッド）タイプ、大きめにほぐしてあるチャンクタイプ、細かくほぐしてあるフレークタイプがあります。

肉系レシピ

魚系
レシピ

卵&豆腐レシピ

さんまが手軽に食べられる。

ニンニク、赤唐辛子入りソースが美味。

Mayuko's memo

栄養豊富なほうれん草は常備しておきたい野菜です。料理の彩りもよくなるので食欲も増すことでしょう。

さんまとほうれん草の
ペペロンチーノ炒め

調理時間 **7**分

\ パスタソース /

材料（2人分）

冷凍ほうれん草……200g

トマト……1個

さんまのペペロンチーノソース……1人分

作り方

1　トマトは2cmの角切りにする。

2　フライパンにさんまのペペロンチーノソースと冷凍ほうれん草を入れて火にかけ、全体に温まったら1のトマトを加えて混ぜ合わせる。

トマトを角切りにする。
トマトは最後に投入。

パスタソースとほうれん草を入れてから、
火をつける。ソースの油で炒め油は不要。

鮭とポテトの
カルボナーラ

調理時間
10分

\ パスタソース /

材料（2人分）

鮭缶……1缶（100g）
冷凍フライドポテト……100g
冷凍ほうれん草……100g
カルボナーラソース……1人分

作り方

鍋に冷凍フライドポテト、冷凍ほうれん草を入れ、上に鮭を缶汁ごとのせ、カルボナーラソースをかける。蓋をして弱火で全体が温まるまで約7分加熱する。焦がさないように加熱途中でかき混ぜる。

加熱途中で中の具材を
かき混ぜる。

やわらか鮭とほっこりポテト。

まろやかクリーム味に箸が進む。

Mayuko's memo

鮭に含まれるアスタキサンチンには抗酸化作用があるので、積極的に摂りましょう。鮭缶には皮や骨も入っているので、コラーゲンやカルシウムも摂取できます。

75

肉系レシピ

魚系
レシピ

卵&豆腐レシピ

パスタソースで、

魚介の味がしみ込んだブイヤベースがすぐできる。

たらのブイヤベース

調理時間 **15**分

\ パスタソース /

材料（2人分）

たら（切り身）……2切（200g）
たまねぎ……中1個（200g）
トマト……大1個（200g）
サラダ油……少々
ボンゴレビアンコソース（トッピング付き）……1人分

作り方

1. たらは食べやすい大きさに切る。トマトは粗く刻む。たまねぎは薄切りにする。

2. 鍋にサラダ油を熱し、1のたまねぎをしんなりするまでよく炒める。その中に1のたらとトマト、ボンゴレビアンコソースを加えて蓋をして弱火で10分煮込む。最後にトッピング（フライドガーリック、イタリアンパセリ）をかける。

たまねぎを炒めてから、たら、トマト、パスタソースを入れる。

Mayuko's memo

たらは低カロリー、高タンパク質の優れた食材。筋肉や髪の毛、爪などを作るための栄養成分が豊富に含まれています。

えび塩炒り卵

調理時間 5分

\ パスタソース /

材料（2人分）

卵……4個
香ばしえび塩ソース（具付き）……1人分
サラダ油……少々

作り方

ボウルに卵を割りほぐし、香ばしえび塩ソースと別添えの具（乾燥こえび、ローストガーリック、えび粉、乾燥あさつき）を入れて混ぜる。フライパンにサラダ油を熱し、混ぜ合わせた具材を入れて、ふんわりとした炒り卵を作る。

Mayuko's memo

炒り卵とは、溶いた卵に調味料を加え、かき混ぜながらほぐすように炒った料理。

えびがさっくり香ばしい。ふっくら卵とからみ合う。

たらこオムポテ

調理時間 **7分**

\ パスタソース /

材料（2人分）

卵……3個
冷凍フライドポテト……30g
冷凍ミックスベジタブル……30g
たらこソース……1人分
サラダ油……少々

作り方

ボウルに卵を割りほぐし、冷凍フライドポテト、冷凍ミックスベジタブル、たらこソースを入れて混ぜる。フライパンにサラダ油を熱し、混ぜ合わせた具材を入れて、両面を焼く。

ポテトとミックスベジタブルでボリュームアップ。ほどよい塩味が美味。

肉系レシピ

魚系レシピ

卵&豆腐レシピ

キャベツの甘味とさばの旨み、卵がからんで箸が止まらない。

さば塩レモンの
ふわたまキャベツ

調理時間 **7**分

\ パスタソース /

材料（2人分）

キャベツ……3〜4枚（150〜200g）
卵……2個
さばの塩レモンソース……1袋

作り方

1. キャベツの葉はざく切り、芯の部分は薄切りにする。卵は溶きほぐす。

キャベツはざく切りに。

2. フライパンにさばの塩レモンソースと1のキャベツを入れて火にかけて炒め、キャベツがしんなりしたら1の溶き卵を周囲に流し入れ、卵が固まり始めたら、ざっくりと炒め合わせる。

芯は薄くそぎ切りにしてから、食べやすい大きさに切る。

卵は割りほぐしておく。

煮汁が・お・麩・に・たっぷりしみ込む。

肉系レシピ

魚系レシピ

卵&豆腐レシピ

卵で味がまろやかに。

Mayuko's memo

関東地方では「小町麩」、関西地方で「おつゆ麩」と呼ばれています。植物性タンパク質で消化がよいことと、保水性に優れ、満腹感を得られる食材です。

82　Part2　主菜

お麩と春菊の卵とじ

調理時間
7分

\ 鍋つゆ /

材料（2人分）

麩……20g
春菊……1束（200g）
卵……2個
鍋つゆ（お好みで、焼あごだし鍋つゆ、寄せ鍋つゆ、とんこつ鍋つゆ、ちゃんこ鍋つゆ、ごま豆乳鍋つゆ、キムチ鍋つゆなどの個食パック）……1個
水……1カップ（200ml）

作り方

1. 春菊は根元を切り落とし、食べやすい大きさに切る。

2. 鍋に水と鍋つゆを入れて混ぜ、その中に水戻ししていない麩を入れ、やわらかくなったら1の春菊を入れる。

3. 2の鍋を中火にかける。ひと煮立ちしたら溶いた卵を流し入れ、卵が半熟になったら火を止める。

春菊を切る。

鍋つゆと水を入れた鍋で麩を戻す。

お麩がやわらかくなったら春菊を入れて火にかける。

煮立ったら溶き卵を入れて、大きくかき混ぜる。

肉系レシピ

魚系レシピ

卵&豆腐
レシピ

高野豆腐にミートソースがしみ込む。

食べごたえもバツグン。

Mayuko's memo

- 高野豆腐は、豆腐を凍らせ低温熟成し、乾燥させた保存食。高タンパク質でミネラルが豊富です。
- シュレッドチーズは、ナチュラルチーズを細かく切ったもののことです。原料となるチーズは1種類から数種類を混ぜ合わせています。

高野豆腐の
ミートグラタン

調理時間 **15**分

\ パスタソース /

材料（1人分）

高野豆腐（ひとくちサイズ）……6個
牛乳……1/2カップ（100ml）
冷凍ほうれん草……50g
ミートソース……1人分
シュレッドチーズ……30g

作り方

1. グラタン皿に牛乳と高野豆腐を入れて、途中何度か高野豆腐をひっくり返し5分おく。

2. 1に冷凍ほうれん草とミートソースを入れて、上からシュレッドチーズをかける。軽くラップをかけて電子レンジ（500W）で5分加熱する。チーズが溶けるまで30秒ずつ様子をみて加熱する。

ほうれん草

ラップをかけて
電子レンジへ。

Column

「ボンカレー」は
世界初の市販用レトルト食品

阪神地区限定商品からスタート

　私は 1969 年徳島生まれで、旧姓は大塚です。子どものときから大塚製薬さんと大塚食品さんには親近感を覚えていて、松山容子さんがボンカレーを持ったホーロー看板を見て育ちました。

　今年は、誰もが知っている大塚のボンカレーの発売 50 周年です。レトルト食品と聞いて、まず思い浮かべるのがボンカレーという人も多いのではないでしょうか。

　1968 年 2 月 12 日に、世界初の市販用レトルト食品、ボンカレーが発売されたことにちなみ、2 月 12 日は「ボンカレーの日」「レトルトカレーの日」として日本記念日協会に正式に登録されました。驚いたのは、ボンカレーは日本初どころか、世界初の市販用レトルト食品なのです。

　当時はパウチにする包材もなければ、レトルト釜もなく、幸い大塚グループで持っていた点滴液の殺菌技術を応用して、レトルト釜を自分たちで作ったそうです。パウチの耐熱性、強度、中身の耐熱性、殺菌条件などのテストを繰り返し行い、試行錯誤の末、阪神地区限定で販売にこぎつけました。

　ただ、当時のボンカレーは、ポリエチレン／ポリエステルの 2 層構造の半透明パウチであったために、光と酸素によって風味が失われてしまい、賞味期限は冬場で 3 か月、夏場で 2 か月だったそうです。その後、光と酸素を遮断するアルミ箔を用いた「アルミパウチ」によって、長期保存が可能になり、賞味期限も 2 年間に延ばすことができるようになりました。1969 年 5 月にはついに全国発売に至ったそうです。同年 12 月生まれの私は、ボンカレーとともに歩んできたのですね。

特許をとらなかった大塚食品

　ボンカレーのお蔭で日本のレトルト食品が幕を開けたわけですが、私がすばらしいと思ったことは、このとき大塚食品さんは特許をとらなかったということです。特許を取得した発明は、特許権を持つ者しか製造したり販売したりすることができません。特許をとっていたら他のメーカーさんはレトルト食品を世に出せなかったかもしれません。今日のようなレトルト食品の発展はなかったといっても過言ではないでしょう。
　現在、日本にはたくさんのメーカーから多くの種類のレトルト食品が市販されているので、私たちはバラエティー豊かな味を食すことができます。それも大塚食品さんが特許をとらなかったからなのです。
　ちなみにこのボンカレー、今は甘口から大辛、デミグラ味やキーマカレー、子どものためのボンカレーなど数多くのシリーズがあります。しかも湯せんではなく、箱ごと電子レンジで調理可能になっていることもうれしい！
　松山容子さんがにっこりほほえむレトロなパッケージの発売当初の味わいを持つボンカレーは、今でも沖縄限定で販売されています。私は石垣島に行ったときに見つけてうれしくなり買ってきましたが、通信販売でも買えるようです。大塚のボンカレーはやっぱりおいしい。

part ③
主食レシピ

レシピ

レシピ

ごはん、麺類、お餅などの穀類を主材料とし、
主菜同様、体のエネルギー源となる
料理が主食です。
摂り過ぎは肥満のもととなりますが、
適量を毎日しっかり食べましょう。

うどんのタコライス風

調理時間 **7**分

＼パスタソース／

材料（1人分）

冷凍うどん……1玉
レタス……1枚
トマト……小1個
ミートソース……1人分
シュレッドチーズ……20g

ミートソースでうどんがタコライス風に変身。つるっと食べやすい。

作り方

冷凍うどんは表示時間通りに電子レンジ（500W）で加熱し、器に入れて温めたミートソースをかける。上に千切りにしたレタス、角切りにしたトマト、シュレッドチーズをのせる。

Mayuko's memo

冷凍うどんは、沸騰したお湯に入れて茹でる方法と、電子レンジで解凍する方法があります。茹で時間や加熱時間はパッケージに表示されているので、必ず確認してください。

混ぜうどん

調理時間 5分

\ パスタソース /

材料（1人分）

冷凍うどん……1玉
だし香る納豆ソース（具付き）……1袋
温泉卵……1個
かいわれ大根……適量

作り方

冷凍うどんは表示時間通りに電子レンジ（500W）で加熱する。うどんを器に入れ、だし香る納豆ソースと別添えの具（乾燥納豆、のり、味付かつお節、ごま、乾燥こねぎ、とろろこんぶ）を加えて混ぜる。その上に温泉卵とかいわれ大根をのせる。

電子レンジで温泉卵作り

湯呑茶碗などに、容器の1/3の量の水を入れ、卵を割り入れる。

爪楊枝で黄身に1か所、穴をあける。

電子レンジ（500W）で1分加熱し、水を捨てる。

麺つゆ不要。ひきわり納豆が麺にからむ。

あさり野菜餅

調理時間 **7**分

\ パスタソース /

材料（2人分）

切り餅……2個
カット野菜……1袋（200〜250g）
ボンゴレビアンコソース……1人分
水……大さじ3強（50ml）

作り方

切り餅はひと口大に切る。鍋にカット野菜、ボンゴレビアンコソース、水、切り餅を入れて火にかけ、蓋をして餅がやわらかくなるまで煮る。

腹持ちのいいお餅に野菜をたっぷり加えたボリューム主食。

冷凍ポテトグラタン

調理時間 5分

\ パスタソース /

材料（1人分）

冷凍フライドポテト……100g
カルボナーラソース……1人分
ドライパセリ（お好みで）……少々

作り方

グラタン皿に冷凍フライドポテトを入れて、その上にカルボナーラソースをかける。ラップをして電子レンジ（500W）で3～4分加熱する。お好みでドライパセリをかける。

具材を器に入れてレンチンするだけ。あっという間に1品完成。

焼きチーズカレー

調理時間 **7**分

\レトルトカレー/

材料（1人分）

ごはん……200g
レトルトカレー……1人分
卵……1個
シュレッドチーズ……30g

作り方

グラタン皿にごはんを盛りつけ、真ん中をへこませ卵を割り入れ、上から温めたレトルトカレーをかける。さらにシュレッドチーズをかけ、トースターでチーズに焼き色がつくまで焼く。

小腹がすいたときにもすぐ作れる。半熟卵でマイルドに。

Mayuko's memo

炊き立てのごはんはもちろんおいしいものですが、あると便利なのがパックごはん。お米の品種違いも市販されています。

カニの
トマトクリームリゾット

調理時間 **5**分

＼パスタソース／

材料（1人分）

ごはん……200g
カニのトマトクリームソース……1人分
冷凍ブロッコリー……3個
牛乳……1/2カップ（100ml）
黒こしょう（お好みで）……少々

作り方

小さめの鍋にごはん、牛乳、冷凍ブロッコリーを入れて弱火で温め、さらにカニのトマトクリームソースを入れて混ぜ合わせる。沸騰させないこと。器に盛り、お好みで黒こしょうをかける。

カニ入りでちょっと贅沢に。絶品リゾットがあっという間にできる。

麺・餅・芋レシピ

ごはんレシピ

ガーリックトマトオムライス

調理時間
7分

\ パスタソース /

材料（1人分）

ごはん……200g
卵……1個
ピーマン……1個（30g）
ガーリックトマトソース（トッピング付き）……1人分
サラダ油……適宜

作り方

1　フライパンにサラダ油を熱し、溶き卵を入れて薄焼き卵を作っておく。

2　ピーマンは5mmの角切りにする。

3　フライパンに油を熱し、2のピーマンを炒め、ごはん、ガーリックトマトソースとトッピング（フライドガーリック、パセリ）を入れて炒め合わせる。器に盛り、1の薄焼き卵をのせる。

ピーマンを炒めてから、ごはんとソースを入れて炒め合わせる。

96　Part3　主食

ピーマンを加えるだけでできるオムライス。
トマト味がしっかりおいしい。

薄焼き卵の作り方

器に生卵を割り入れ、よく混ぜる→フライパンを熱し、油を薄く伸ばす→卵を流し入れ、フライパンを回しながら、表面が平らになるように焼く。

まぐろサラダライス

\ パスタソース /

材料（1合分）

米（無洗米）……1合
水……1合分
まぐろのオイルソース……1人分
キュウリ……1/2本
赤パプリカ……1/4個
ベビーリーフ……適量

作り方

1 炊飯器に無洗米、まぐろのオイルソースを入れる。炊飯釜内側の目盛の1合のラインまで水を入れてひと混ぜし、普通に炊く。

2 キュウリ、赤パプリカは5㎜の角切りにする。

3 炊き上がったら、2を入れてざっくり混ぜる。器に盛りベビーリーフを添える。

パスタソースを入れて混ぜ合わせる。

炊き上がってから、キュウリと赤パプリカを混ぜる。

まぐろの炊き込みごはんに、
パプリカ、キュウリで彩りよく。

Mayuko's memo

無洗米は精米後に糠を取り除いているので、研ぎ洗いをせずに水を加えるだけで炊くことができるお米です。

麺・餅・芋レシピ

ごはんレシピ

油揚げとにんじんもプラスして
炊き込むだけ。

風味豊かなきのこごはん。

和風きのこの炊き込みごはん

調理時間 **5**分 + 炊飯

\ パスタソース /

材料（1合分）

米（無洗米）……1合
水……1合分
油揚げ……1枚
にんじん……3～4cm（30～40g）
和風きのこソース……1人分
青ねぎの小口切り（お好みで）……適宜

作り方

1. 油揚げは縦半分に切ってから短冊切りに、にんじんも短冊切りにする。

2. 炊飯器に無洗米、和風きのこソース、炊飯釜内側の目盛の1合のラインまで水を入れて、ひと混ぜし、1の油揚げ、にんじんを上にのせて普通に炊飯する。器に盛ってお好みで小口切りの青ねぎを散らす。

油揚げを横長に2等分して、端から短冊切りにする。

にんじんは皮付きのままよく洗い（皮が気になる人はむく）、縦1cm幅に切ってから薄く切る。

Part
④
汁ものレシピ

Let's Try !

汁もの

レシピ

温かい汁ものを飲むと心身ともに
ほっこりとリラックスします。
野菜や海草などをたっぷり入れたスープで
ビタミン、ミネラルを摂り、
水分補給をしましょう。

汁ものレシピ

わかめスープ

調理時間
3分

\ 焼肉のたれ /

材料（1人分）

カットわかめ……1つまみ
水……3/4カップ（150ml）
鶏ガラスープのもと……小さじ1/2
焼肉のたれ……小さじ1
白いりごま……少々

作り方

耐熱容器（マグカップ）に水、鶏ガラスープのもと、焼肉のたれを入れて混ぜ、カットわかめを入れる。電子レンジ（500W）で2分加熱し、白いりごまを散らす。

焼肉のたれがスープのもとに。今すぐ試してほしい簡単さ。

あさりミルクスープ

調理時間 5分

\ パスタソース /

材料（2人分）

冷凍ほうれん草……50g
ボンゴレビアンコソース……1人分
牛乳……1〜1.5カップ（200〜300ml）

作り方

鍋に材料を全て入れて火にかけて温める。沸騰させないようにする。

*クリーミーさと
コクを楽しめる。
あさりとほうれん草が
名コンビ。*

汁ものレシピ

焦がしねぎ塩もやしスープ

調理時間 5分

\ パスタソース /

材料（2人分）

もやし……50g
水……1〜1.5カップ（200〜300ml）
焦がしねぎ塩ソース（具付き）……1人分

作り方

鍋にもやし、水、焦がしねぎ塩ソースを入れて火にかける。もやしがやわらかくなったら別添えの具（焦がしねぎ、あられ、乾燥こねぎ）を入れて混ぜる。

もやしのシャキシャキ感をいかして。ほどよい塩気がアクセント。

ミートソーススープ

調理時間 5分

胃のはたらきを よくするキャベツ。 千切りだから食べやすい。

\ パスタソース /

材料（1人分）
袋入り千切りキャベツ……30g
ミートソース……大さじ3（50g）
コンソメ顆粒……小さじ1/2
水……3/4カップ（150ml）
粉チーズ（お好みで）……適量

作り方

鍋に水とコンソメを入れて火にかけ、コンソメが溶けたらキャベツを入れ、やわらかくなるまで煮る。ミートソースを入れて混ぜながら軽く煮込む。器に入れ、お好みで粉チーズをかける。

Mayuko's memo

袋入りの千切りキャベツは小袋から大袋までいろいろなサイズがあり、使う量に合わせて購入ができます。付け合わせ以外にも使ってください。

あとがき

　自分のストレスフリーのためにレトルトアレンジレシピを作り始めましたが、姉から「20歳になった息子に丁度いい！　このレシピなら息子も作れる。厨房男子になれるね」と言われ、「そうだ！　お料理初心者の20歳になる私の娘と甥っ子のためのレシピを作ろう」と思い立ちました。
「これは娘が喜ぶな〜」「これは甥っ子も簡単に作れるな〜」と、レシピを考えているときはワクワクしたものです。
　買い物もワクワク、作っているときもワクワク、本書の撮影のときもワクワク。食べたときのみんなの笑顔がうれしい。自分のために作るのも楽しい、誰かのために作るのも、また楽しい、という本造りための数か月を過ごしたことをうれしく思い出します。

　さらにうれしいことが続いています。
　私のレトルトアレンジレシピを作ってくれた高校時代からの友人が、「これはいい！　忙しい主婦の味方になってくれそう。たくさんの人に活用してもらえるといいね」と言ってくれたのです。
　20歳になる娘の友達のお母様からは「4月から1人暮らしを始める長女

と、自宅でまったく料理をしない二女が『これならすぐマネできそう』と2人とも喜んでいましたよ！　ありがとう」との連絡をいただきました。

　また管理栄養士の仲間からは、「すごく簡単なメニューなので、特定保健指導のときに活用させてもらっているよ」と言われたり、障害をお持ちの方から「お料理が好きになった」と言ってもらえたことが最大の喜びとなりました。

　こんなにも皆様のお役に立つことができることがうれしくてなりません。

　レトルトアレンジレシピは時短で、簡単に作ることができ、楽しみながら作れる！　作りながら笑顔になれるレシピだと気づかされました。

　最後になりましたが、清流出版の松原淑子さん、カメラマンの田邊美樹さん、イラストレーターのくすはら順子さん、デザイナーの静野あゆみさん、お手伝いをしてくれた友人の千葉敦子さん、村田玲子さんに、心より感謝申し上げます。

　皆様のお蔭で楽しさが伝わるレシピ本になったと思っています！　どうもありがとうございました。

2018年5月

今泉マユ子

今泉マユ子
いまいずみ・まゆこ

1969年徳島県生まれ。鎌倉で育ち現在、横浜在住。2児の母。管理栄養士として大手企業社員食堂、病院、保育園に長年勤務。食育、災害食、スポーツ栄養に力を注ぎ、2014年に管理栄養士の会社を起業。現在は企業アドバイザーとしてレシピ開発、缶詰商品開発に携わるほか、資格を生かし幅広く講演、講師活動を行っている。NHK「あさイチ」「おはよう日本」、日本テレビ「ヒルナンデス！」、TBS「マツコの知らない世界」「王様のブランチ」などテレビ出演や、新聞、雑誌などで活躍中。

資格

管理栄養士・防災士・日本災害食学会災害食専門員・地盤コンシェルジュ・環境アレルギーアドバイザー・食育指導士・ジュニア野菜ソムリエ・横浜市防災ライセンス・フードライフコーディネーター・横浜市水道局認定水のマイスター

所属

日本栄養士会・日本災害食学会・日本防災士会・NPO法人岡山コーチ協会理事・日本栄養士会災害支援チーム（JDA-DAT）リーダー・日本集団災害医学会（JADM）

著書

『「もしも」に役立つ！おやこで防災力アップ』『災害時に役立つ　かんたん時短、「即食」レシピ　もしもごはん』『体と心がよろこぶ　缶詰「健康」レシピ』、石川伸一氏と共著『「もしも」に備える食　災害時でも、いつもの食事を』（以上、清流出版）、『作りおきより簡単便利　レトルトアレンジレシピ50』（マガジンランド）、『すぐウマごはん』（SBクリエイティブ）、『からだにおいしい缶詰レシピ』（法研）

ブックデザイン／静野あゆみ
撮影／田邊美樹
イラスト／くすはら順子
スタイリング／北原美砂子
協力／千葉敦子・村田玲子

レトルトの女王のアイデアレシピ

ラクラクごはん

2018 年 5 月 31 日　初版第 1 刷発行

著者　　　今泉マユ子
　　　　　©Mayuko Imaizumi 2018, Printed in Japan
発行者　　藤木健太郎
発行所　　清流出版株式会社
　　　　　〒101-0051
　　　　　東京都千代田区神田神保町 3-7-1
　　　　　電話　03-3288-5405
　　　　　編集担当　松原淑子
　　　　　http://www.seiryupub.co.jp/
印刷・製本　大日本印刷株式会社

乱丁・落丁本はお取替えします。
ISBN 978-4-86029-476-2

本書のコピー、スキャン、デジタル化などの無断複製は著作権法上での例外
を除き禁じられています。本書を代行業者などの第三者に依頼してスキャンや
デジタル化をすることは、個人や家庭内の利用であっても認められていません。

今泉マユ子さんの好評既刊本

体と心がよろこぶ
缶詰「健康」レシピ

定価＝本体1400円+税

缶詰＋健康食材＝元気になる！
味・栄養価・塩分などを著者がチェックし、
使用する缶詰を厳選。

「もしも」に備える食
災害時でも、いつもの食事を

石川伸一氏との共著　定価＝本体1500円+税

いつ起きるかわからない災害に
日頃から備えるコツと、
普段から使える災害食レシピを掲載。

かんたん時短、「即食」レシピ
もしもごはん

定価＝本体1500円+税

災害時はもちろんのこと、
日常でも食べてほしい備蓄食材を使った、
「即」作れて、「即」食べられるレシピ。

「もしも」に役立つ！
おやこで防災力アップ

定価＝本体1500円+税

災害が起きてからできることは
限られているが、今できることはある。
おやこで防災対策＆即食レシピ作り。